Ulrich Jahreiß
Reinhard Wick

Endlich methodistisch Christ sein!

Anstoß
für eine Neubesinnung
der Kirche

John Wesley:

„Ein Methodist ist
ein Mensch, in
dessen Herz die
Liebe Gottes
ausgegossen ist."

„Die Liebe Christi
bewegt, versöhnt
und eint die Welt."

Vollversammlung des
ökumenischen Rates
2022 in Karlsruhe

Vorwort

Die vorliegende Stellungnahme wurde von Ulrich Jahreiß und Reinhard Wick, beide Pastoren der EmK im Ruhestand, dem Kabinett der SJK vorgelegt. Mit Zustimmung des Kabinetts ist dieser Text auf der Internetseite https://www.emk-sjk-change.de/ abrufbar.

Als Pastoren im Ruhestand betrachten wir, die Autoren, die Entwicklung aus der Distanz derer, die keine Verantwortung für eine konkrete Gemeinde mehr haben. Die gegenwärtige Lage unserer Kirche sehen wir im Zusammenhang mit 40 bis 60 Jahren Konferenzgeschichte und gemeindlichen Lebens, wie wir dies erlebt haben. Darüber hinaus ist es unser Anliegen, die Gestalt und die Praxis unserer Kirche in dieser Zeit und aktuell daraufhin zu befragen, inwieweit wesentliche Elemente aus den Anfängen der methodistischen Bewegung umgesetzt und verwirklicht wurden und welche nicht ausreichend zum Tragen kamen. Insofern ist dies auch eine kritische Auseinandersetzung mit der Geschichte unserer Kirche in Deutschland. Wir halten dies für erforderlich.

Im Zusammenhang mit den Beobachtungen im Rahmen der Pandimiemaßnahmen waren wir zu der Überzeugung gelangt, dass eine Rückkehr zur Normalität im Sinne eines „weiter so" nicht zielführend für eine gute Entwicklung in unseren Gemeinden ist. Wir haben uns der Sache angenommen und zunächst für die Bezirke der Region Mittelfranken eine Seminarreihe unter dem Thema „Methodistisch? Ja, bitte! - Wie aus Wurzeln Ertrag wird" angeboten. Es fanden über das Jahr 2022 drei Seminarnachmittage und ein

Abschlussgottesdienst in der Zionsgemeinde Nürnberg statt. Ein weiteres Seminarwochenende in der Region Marburg im März 2023 ist in Vorbereitung.

Die Seminarreihe war ein erster Schritt zur Umsetzung des Anliegens, wie unsere Kirche und unsere Gemeinden zu einem methodistischen Profil finden können.
Unsere Stellungnahme ist das Ergebnis unserer Beschäftigung mit dem Thema unserer kirchlichen Identität und den Erfahrungen aus den Seminaren.
Wir wollen anhand unserer kirchlichen Herkunft einen Anstoß zur Auseinandersetzung mit unserer kirchlichen Identität geben. Im Blick auf die Neustrukturierung der Evangelisch-methodistischen Kirche im Bereich der Süddeutschen Jährlichen Konferenz erachten wir dies für essentiell.

1 Einführung

1.1 Zur Lage

Der eingeleitete Umstrukturierungsprozess den die Süddeutsche Konferenz der Evangelisch-methodistischen Kirche auf den Weg gebracht hat, ist ein Signal dafür, dass für die Erfüllung der kirchlichen Mission eine Konzentration der vorhandenen Kräfte unabdingbar ist. Diese Konzentration kann nur gelingen und in der erforderlichen Weise in den Gemeinden Unterstützung finden, wenn es gleichzeitig zu einer umsetzbaren und einsichtigen Beschreibung darüber kommt, worin wir als Kirche unseren Auftrag sehen. Das methodistische Glaubensverständnis, wie es besonders in den Anfängen der methodistischen Bewegung im 18. Jahrhundert vorlag, bietet dafür wertvolle Anregungen.

Die Entwicklung unserer Kirche in Deutschland innerhalb der letzten beiden Generationen weist im Blick auf das kirchliche Selbstverständnis eine Reihe von prinzipiell ungeklärten Fragen und Problemstellungen auf. Das Gelingen der Bemühungen um eine Neugestaltung des kirchlichen Lebens hängt wesentlich davon ab, wie wir damit umgehen. Es ist zu hoffen und zu wünschen, dass die Neuorganisation der kirchlichen Arbeit zu einer Neubesinnung führt, die uns der eigenen kirchlichen Herkunft näher bringt und angemessen ist.

1.2 Die existenzielle Frage: Ist der Methodismus am Ende?

In der vielfältigen Landschaft der kirchlichen Angebote kann man zu der Auffassung kommen, dass die Gemeinden der EmK in Deutschland verzichtbar sind. Wenn die Menschen in unseren Gemeinden und wir als Kirche aufgrund unserer methodistischen Herkunft nicht der Überzeugung sind, einen besonderen Auftrag zu haben, braucht es uns als Kirche nicht mehr. Dann ist es Zeit, dass wir uns auflösen und für eine geregelte Abwicklung zu sorgen. Es ist mehr als nur ein Gedankenexperiment, sich der Frage zu stellen: Was würde dann fehlen? Diese Frage muss gestellt werden, wenn wir uns unseres Auftrags als methodistische Kirche bewusst werden wollen. Es reicht dann nicht, dass wir bedauern, dass es keine Methodisten mehr gibt. Es muss klar werden, was die Kernanliegen eines methodistischen Glaubens- und Kirchenverständnisses sind.

1.3 Wenn Kirche den Menschen nichts mehr sagt, muss die Kirche, sich ändern.

Wir haben als Kirche teil an der allgemeinen Entwicklung, dass der Anteil der Kirchenglieder in der Bevölkerung beständig abnimmt. Doch diese Entwicklung bedeutet keineswegs, dass diese Menschen kein Interesse an Sinn- und Glaubensfragen haben. Stattdessen ist zu beobachten, dass die Suche nach sinnstiftender Erfahrung aus dem Raum der Kirche ausgewandert ist. Die Bestrebungen versanden in der Vereinzelung. Die Formen und die Sprache der Kirche ist den Menschen nicht mehr verständlich. Im Gegenzug werden ihre Anliegen von kirchlicher Seite ebenfalls nicht verstanden und nicht ausreichend gewürdigt.

John Wesley (1703 – 1791). Initiator der methodistischen Bewegung, stand als Geistlicher der Anglikanischen Kirche in seiner Zeit vor einer ähnlichen Herausforderung: ein Großteil der Bevölkerung wurde von den Kirchen nicht mehr erreicht. In England waren es die Fabrikarbeiter mit ihren Familien und in Amerika die Siedler. Die einen hatten keinen Bezug zur Kirche und für die anderen mussten kirchliche Angebote erst geschaffen werden. Wesley befasste sich mit den Fragen und Anliegen dieser Menschen. Er nahm wahr, was diese Menschen brauchten und nötig hatten. Mit den methoditstischen Klassen schuf er Orte und Räume der Begegnung, Unterstützung und Begleitung. Die Angebote waren konkret und orientierten sich am alltäglichen Leben. Gleichzeitig wurzelten sie in einer tiefen Glaubensüberzeugung und waren davon getragen. Gerade in der Zeit der rasant zunehmenden Entkirchlichung bekommt dieser Ansatz für das kirchliche Selbstverständnis und die kirchliche Praxis eine eminente

Bedeutung und eine überraschende Aktualität. Das Erfahrungswissen der eigenen kirchlichen Tradition gilt es zu nutzen und in praktische Schritte umzusetzen. Die in England sich innerhalb der anglikanischen Kirche entwickelnde methodistische Bewegung, wie sie sich in seinen Anfängen im 18. Jh. darstellt, bietet exakt die Elemente, wie sie für eine kirchliche Arbeit mit Menschen im 21. Jh. erforderlich sind. Gerade als methodistische Kirche könnten wir so die Kirche sein, die gebraucht wird.

2 Methodistische Identität: Christlicher Glaube im Welthorizont

Wesley betont mehrfach, so auch in „Kennzeichen eines Methodisten", dass methodistisch sein nicht bedeutet, einer besonderen Lehre zuzustimmen. Damit bezieht er Glauben und Christsein nicht länger auf ein Bekenntnis, sondern verortet beides in der Erfahrung. Er versteht den Glauben in allen seinen Ausprägungen unter einem weltumfassenden Horizont. Dabei sind zwei Gesichtspunkte für ihn wesentlich:

- Die Welt ist Gottes Schöpfung und steht damit unter dem Ja Gottes. Die Welt ist nicht an sich gottfeindlich. Das Welt- und Menschenbild bei Wesley ist damit optimistisch.
- Diese Haltung der Welt und dem Menschen gegenüber wird verstärkt durch die Überzeugung, dass die Gnade Gottes uneingeschränkt und vorbehaltlos jedem Menschen gilt. Dieser Weltbezug ist für seine Theologie und sein Handeln wesentlich. Daraus ergibt sich für ihn die Möglichkeit, sich unbefangen in der Welt zu bewegen und tätig zu sein. Sie ist ja schließlich Gottes Welt. Zu einem solchen Glauben möchten wir die Menschen in unseren Gemeinden befähigen und ermutigen. Nur so können sie ihren Glauben mit Entschiedenheit in der Welt leben.

2.1 Persönliche Frömmigkeit: Erfahrungsbezug des Glaubens

Es mag als Grundkonsens gelten, dass der Glaube sich nicht auf das gottesdienstliche Leben und den Raum der Kirche beschränkt. Ohne Ausnahme sind die Menschen in den Gemeinden gewillt, im Sinne der Nachfolge ihren Glauben im Alltag zu leben. Dies ist geprägt von der Vorstellung, dass ich mich in irgendeiner Weise „christlich" verhalte. Bei dieser Vorstellung haben wir es mit einer Engführung zu tun. Für Wesley war die Welt sein Kirchspiel. Die gesamte Lebenswelt war für ihn Raum der Wirksamkeit und Erfahrbarkeit der Gnade Gottes. Dies ist eine ermutigende und herausfordernde Perspektive. Dabei kommt es nicht darauf an, besondere Glaubenserfahrungen zu machen, sondern auf die Bedeutung des alltäglichen Erlebens. Umgekehrt erschließt sich darüber hinaus im Sinne einer Berufung die Perspektive, dass Gott durch jede und jeden Glaubenden wirkt und seine Zuwendung zur Welt Gestalt annimmt.

2.2 Bedeutung der Gemeinschaft:
Begegnung und geteiltes Leben

Kirchliches Leben mit allen seinen Angeboten muss in Wechselwirkung zur Lebenswelt der Menschen verstanden und gestaltet werden. Die Belange des alltäglichen Lebens mit allen Sorgen, Ängsten, beglückenden und belastenden Erfahrungen, sowie allen Hoffnungen und Sehnsüchten im Großen und im Kleinen haben im kirchlichen Rahmen ihren Platz und ihre Berechtigung. Wo dies vernachlässigt wird, verlieren kirchliche Angebote ihre Bedeutung und entwickeln sich so zu Sondergemeinschaften, die sich ausschließlich auf Lehrinhalte irgendwelcher Art beziehen. Dies gilt es zu verhindern.

2.3 Gestalt der Gemeinschaft:
Verbindlichkeit bei gleichzeitiger Offenheit
gegenüber allen

Gemeinden im methodistischen Sinne sind Handlungsgemeinschaften, die sich beständig über die gemeinsame Zielsetzung, Orientierung, Maßstäbe und Ausrichtung miteinander verständigen. Dabei bleiben sie niemals unter sich. Stattdessen findet ihr Handeln auf der Grundlage der universellen Gnade Gottes statt, die jedem Menschen ohne Ansehen der Person, Hautfarbe, Zugehörigkeit, Konfession, Herkunft und geschlechtlicher Orientierung gilt. Methodistische Gemeinden sind in dieser Weise jederzeit für jede und jeden offen. Das offene Abendmahl in der methodistischen Tradition ist der gelebte Ausdruck dieser Offenheit.

2.4 Predigt und Gottesdienst mit Weltbezug

Eine Verkündigung, die den beschriebenen Gedanken Rechnung trägt, kann sich weder in exegetischen Ausführungen noch in reinen Themen christlicher Lehre erschöpfen. Der Ausgangspunkt ist auch hier im umfassenden Sinn die Alltags- und Lebenssituation der Menschen. Sie umfasst gesellschaftliche Fragen, wie Gerechtigkeit und Frieden genauso wie Fragen der persönlichen Lebensgestaltung (s. Predigten Wesleys „über den rechten Gebrauch des Geldes" oder „gegen die üble Nachrede"). Verkündigung hat sich auf die Lebensverhältnisse der Menschen zu beziehen. Sie geht alle an.

2.5 Orientierung und Zielsetzung kirchlichen Handelns:
Zu den Menschen gehen, bei den Menschen sein.

Alles in allem ist unsere Kirche und sind unsere Gemeinden im Sinne des Wortes familiär. Darin liegt zum Einen unsere Stärke. Das heißt aber andererseits, man bleibt unter sich und unter seinesgleichen. Kontakte über den Rahmen der Kirche hinaus haben wenig oder keine Bedeutung. Das Gemeindeleben hat keine Verankerung im Umfeld. Dies entspricht nicht dem methodistischen Grundverständnis. Die Anfänge unserer Kirche sind wesentlich davon geprägt, dass man zu den Menschen gegangen ist: auf die Fabrikhöfe, zu den Landarbeiterinnen und Landarbeitern oder zu den Siedlern in Amerika. Wir können die Menschen nicht erreichen, wenn wir nicht bei ihnen sind. Wir dürfen nicht länger erwarten, dass die Menschen zu uns kommen. Wir müssen vor Ort sein, wo Menschen zusammenkommen. Das mag der Stammtisch sein, der Fußballverein, die freiwillige Feuerwehr und wenn es sein muss auch der Golfklub. Die kirchlichen Gebäude müssen dort sein, wo das Leben pulsiert: in den Fußgängerzonen und im Kneipenviertel. Berührungsängste sind fehl am Platz.

2.6. Beteiligung und Weltgestaltung

Gemeinde kann nur dort sinnvoll wirksam sein, wo die Menschen in der Gemeinde aktiv im Bezug zu ihrer Umgebung stehen. Wenn Gemeinden soziologische Ghettos sind, in denen die Menschen unter sich bleiben, gelingt dies nicht. Wirksam kann die Gemeinde nur werden, wenn sich ihre Glieder am Leben ihrer Umgebung beteiligen.
Dies lässt sich auf unterschiedliche Weise verwirklichen. Die Kirchengebäude müssen Räume werden, in denen Begegnung von Menschen unterschiedlicher Prägung und Herkunft stattfindet und Menschen Anliegen miteinander teilen können. Das ist auch der Fall, wenn die Kirchengebäude von entsprechenden Gruppen (Selbsthilfegruppen, Nachbarschaftsinitiativen etc.) genutzt werden. Wo dies bereits geschieht, ist dies zu begrüßen und zu fördern. Die Zielgruppe solcher Begegnungen sind nicht diejenigen, die bereits zur Kirche gehören, sondern alle, die es brauchen und wollen. Wesley hat sich nicht nur außerhalb der Kirchenmauern aufgehalten, um die Menschen zu erreichen. Er hat sich auch eingemischt und beteiligt. Aus Sonntagsschulmannschaften sind sogar namhafte Fußballvereine in England hervorgegangen. Zum Beispiel der FC Everton und andere haben methodistischen Ursprung! Unsere Gemeindeglieder sollen bei der Gestaltung der Lebensverhältnisse in ihrer Umgebung mitwirken. Selbstverständlich liegt darin ein gesellschaftspolitischer und sozial-diakonischer Auftrag. Entscheidend sind nicht irgendwelche besonderen Projekte, sondern die Ausrichtung und die Präsenz, die Gemeinden zu zeigen haben.

2.7 Einfach – nicht billig – notwendig: Was wird gebraucht?

Wir reden hier über Motivation und darüber, dass es darauf ankommt, die Dinge bei aller Komplexität einfach zu gestalten. Wir brauchen in unseren Gemeinden Menschen, die der Welt zugewandt sind, die sich beteiligen und sich auf andere einlassen. Die Gemeinschaft endet - wie oben beschrieben - nicht an der Kirchentüre und bezieht sich nicht nur auf Gemeindeglieder. Stellen wir uns vor, jedes Gemeindeglied überlegt sich: Welche drei Personen in meiner Umgebung liegen mir besonders am Herzen, die ich begleite, mit denen ich im Austausch bin, deren Fragen ich kenne, die ich unterstütze und für die ich bete? Damit wäre nicht nur zahlenmäßig eine wahrnehmbare Außenwirkung erreicht. Wesley war der optimistischen Überzeugung: „Gebt mir hundert Menschen, die niemand außer Gott fürchten, nichts außer Sünde hassen und sich ganz Gottes Willen ausliefern, und ich werde die Welt auf den Kopf stellen." Das Ziel kann daher nicht darin liegen, mehr Kirchenglieder zu gewinnen. Vielmehr geht es um Entschiedenheit in der Haltung und im Urteilen. Es wird darauf ankommen, dass die Menschen in unseren Gemeinden dadurch überzeugend sind, dass sie von dem überzeugt sind,, was sie vertreten und darstellen. Es ist ein einfacher Gedanke, doch er wird in der Umsetzung nicht billig zu haben sein.

2.8 Was lassen wir bleiben?

Konzentration beinhaltet immer eine Beschränkung. Es ist ohnehin klar, dass das Angebot nicht in der bestehenden Bandbreite aufrecht erhalten werden kann. Doch es müssen Kriterien gefunden werden, um darüber zu entscheiden, was notwendig ist und worauf man verzichten kann.
Ob wir zukünftig etwas bleiben lassen, ist nicht nur eine Frage des Standorts, des Personals oder der statistisch nachgewiesenen Effektivität. Es kann nur an dem gemessen und bewertet werden, was wir als unseren Auftrag verstehen und was diesem Auftrag dienlich ist. Der Maßstab muss sein, mit dem was wir tun, bei den Menschen zu sein, um etwas mit ihnen und für sie zu erreichen.

3 Theologische Grundlagen und Vertiefung - Anspruch und Wirklichkeit

3.1 Glauben und Denken auf der Höhe der Zeit

»Wenn ihr die Vernunft verachtet oder herabsetzt, dann meint nicht, damit etwas Gottgefälliges zu tun. Schon gar nicht fördert ihr Gottes Sache, wenn ihr die Vernunft aus dem Glauben heraushalten wollt.« John Wesley (1772)

Es ist bewegend und beeindruckend, wie intensiv und unbefangen sich Wesley in seinem Denken und Glauben auf die Ideen der Aufklärung einlässt. Die Tatsache, dass er weltanschaulich, politisch und sozial in einer Zeit gewaltiger Umwälzung und Umbrüche zu tun hat, bereitet ihm keine Probleme. Er ist vielseitig interessiert. Technische Entwicklungen sind für ihn in gleicher Weise interessant wie Fragen der Medizin. Es gelingt ihm und der methodistischen Bewegung, die stattfindenden Veränderungen als Chance zu nutzen. Berührungsängste mit der Welt waren ihm fremd. Weltanschaulich war Wesley mit seinem Denken voll auf der Höhe seiner Zeit. Diese Grundhaltung ermöglichte es ihm, zu aktuellen Fragen Stellung zu nehmen und weltliche Fragen im

Bezug zu seinem Glauben zu betrachten. Darin liegt für die Menschen in unseren Gemeinden ein wesentliches Potential. Wesley ist in seinem Denken und in seinen Überzeugungen weder dogmatisch noch traditionalistisch. Dies soll und muss als Maßstab für die Bewertung der gegenwärtigen kirchlichen Praxis und von theologischen Strömungen und Entwicklungen unbedingt berücksichtigt werden. Der fortschrittliche Ansatz Wesleys wurde in den folgenden Generationen im Methodismus in Europa nur verhalten aufgegriffen und umgesetzt. Es ist Zeit, dass dies in unseren Gemeinden erfolgt. Die gerne und häufig zitierte Formel „Denken und denken lassen" muss auf dem weltanschaulichen Hintergrund der Aufklärung gelesen und verstanden werden. Sie ist bei Wesley keineswegs ein Plädoyer für Beliebigkeit, sondern steht in Verbindung mit der Gewissensfreiheit und damit der ethischen Verantwortung des Einzelnen.

3.2 Ökumenische Gesinnung und die Frage, wie unsere methodistische Identität von Außen wahrgenommen wird.

„Christ's love moves the world to reconciliation and unit." - „Die Liebe Christi bewegt, versöhnt und eint die Welt." Das Thema der diesjährigen Vollversammlung des ökumenischen Rates 2022 in Karlsruhe kann vollumfänglich im Sinne einer methodistischen Identität gedeutet und verstanden werden. Es erfasst wesentliche Grundlagen des methodistischen Glaubens- und Selbstverständnisses. Es beschreibt die Liebe Christi als umfassende Grundlage, die als verändernde Kraft in der Welt wirksam und erfahrbar ist. Es ist bemerkenswert, dass der ÖRK sich ein Thema wählt, das mit dem methodistischen Selbstverständnis von Glaube und Evangelium deckungsgleich ist. Daran knüpfen sich zwei Beobachtungen an. Unsere Kirche wird innerhalb der Ökumene mit ihren besonderen Ausprägungen in ihrer Theologie wahrgenommen und geschätzt. Was unter „methodistisch" zu verstehen ist, wird von Außen oft deutlicher wahrgenommen als von uns selbst. Im Inneren stellt sich das, was man unter „methodistisch" versteht weit diffuser und unschärfer dar. Deshalb wäre es vielen in unseren Gemeinden nicht von vornherein bewusst gewesen, wie methodistisch das Thema der diesjährigen Vollversammlung verstanden werden kann.

3.2.1 Grundlagen und Praxis

Ökumenische Gesinnung war für John Wesley ein wesentliches Element in der Ausrichtung seiner Arbeit und gehörte zu den Grundlagen seines Selbstverständnisses. Dies ist darauf zurückzuführen, dass John Wesley das Heilswirken Gottes universell verstand. Eine Beschränkung des Wirkens Gottes auf den Raum einer einzigen konfessionell verfassten Kirche, war aus seiner Sicht nicht vorstellbar. Verständigung über Kirchengrenzen hinweg und gemeinsames Handeln waren ihm daher ein wichtiges Anliegen. Die Nachkriegszeit in Deutschland mit der Aufarbeitung der Schrecken des zweiten Weltkriegs gab den Bemühungen um ein ökumenisches Miteinander über Konfessions- und Staatsgrenzen hinweg Vorschub. Entgegen den eigenen kirchlichen Grundlagen war die Haltung gegenüber ökumenischen Bemühungen in unseren Gemeinden bis weit in die siebziger Jahre hinein distanziert bis ablehnend. Dies ist eines der Themen, bei denen die aufgrund der eigenen kirchlichen Herkunft zu erwartende Haltung und das, was in den Gemeinden gedacht und praktiziert wurde und wird, phasenweise deutlich voneinander abweichen.

3.3 Connexio: gelehrt – nicht gelebt
Eine wesentliche Grundlage bleibt außer Acht.

3.3.1 Grundlagen

Die Connexio ist für unser kirchliches Miteinander kennzeichnend. Sie übersteigt bei weitem die Bedeutung einer reinen Organisationsstruktur und darf auch nicht auf eine solche reduziert werden. Die Connexio benennt in gleicher Weise die Form der Kirchenleitung als auch das Verfahren der Lehrbildung unserer Kirche und ist damit konstitutiv. Die einzelnen Konferenzebenen von der Bezirkskonferenz bis zur Generalkonferenz werden im beständigen wechselseitigem Austausch gesehen. Dieses wechselseitige Miteinander ist getragen von dem Geist, dass wir in der Kirche als Gemeinden und Gremien vorbehaltlos füreinander einstehen. Dies ermöglicht einen Umgang auf Augenhöhe zwischen den verschiedenen Ebenen. Das System der ineinandergreifenden Konferenzebenen ist ein demokratisches Verfahren, bei dem Laien und Pastorinnen und Pastoren paritätisch vertreten sind und Mitspracherecht haben. Mit dem Modell der Connexio verfügt unsere Kirche über ein undogmatisches Verfahren, mit dem sich dynamisch die kirchliche Praxis und Lehre entwickeln kann. Man muss in der kirchlichen Landschaft weit gehen, wenn man Vergleichbares finden möchte.

3.3.2 Sachlage

Es ist befremdend, dass dieses Kleinod kirchlicher Organisationsformen bei den Kirchengliedern nicht die Wertschätzung erfährt und die Beachtung findet, die ihm zukommen sollte. Das Modell der Connexio kennt vom Grundverständnis her zwischen den Organisationsebenen der Konferenzen kein Oben und Unten. Dennoch herrscht im Verhältnis zwischen Gemeinde und Jährlicher Konferenz zu oft die Haltung: die da oben und wir da unten. Damit wird ein wesentliches Prinzip verlassen. In der Praxis wird darüber hinaus auf Gemeindeebene an manchen Stellen nicht die Connexio gelebt und befürwortet, sondern entsprechend dem Gemeindeprinzip gehandelt und geurteilt. Konferenzbeschlüsse werden auf diesem Hintergrund als Einmischung in innere Angelegenheiten und Bevormundung erlebt. Das Ineinandergreifen der unterschiedlichen Konferenzebenen wird dadurch behindert und die Wirkung von bedeutungsvollen Konferenzbeschlüssen für die Arbeit vor Ort ist deutlich eingeschränkt. Bei Fragen des Gemeindewachstums werden häufig Modelle anderer, kongregationalistischer, Freikirchen favorisiert und versucht umzusetzen. Dabei wird die Bedeutung des eigenen Kirchenverständnisses oft nicht ausreichend bedacht. Der besondere Auftrag, die besonderen Elemente und wesentliche Möglichkeiten, die sich aufgrund unserer eigenen kirchlichen Struktur ergeben, bleiben auf der Strecke. Chancen, die sich aufgrund der eigenen kirchlichen Tradition ergeben würden, werden vertan.

3.4 Der methodistische Heilsweg – erforderliche Klärung und Korrektur wesentlicher Begriffe

Der methodistische Heilsweg umfasst eine ganze Reihe zentraler Glaubensbegriffe. Er stellt aber kein in sich geschlossenes systematisch-theologisches System dar. Entscheidend ist, dass im Methodismus bestimmte Begriffe eine eigene Schwerpunktsetzung aufweisen. Das methodistische Verständnis ist in der Praxis immer wieder von anderen Auffassungen überlagert.

3.4.1 Umkehr statt Bekehrung – Was vertreten wir?

Bis in die sechziger Jahre gehörte der Aufruf zur Bekehrung zum Standardrepertoire der Verkündigung. Von manchen wird es nach wie vor bedauert, dass es nichts Entsprechendes mehr gibt und sie haben ein ungutes Gefühl bis schlechtes Gewissen deswegen. Die anderen sind im Stillen herzlich froh darüber, sagen es aber nicht laut. Was wir wollen oder sollen, bleibt dabei in der Schwebe. Der Vollzug des Glaubens leitet sich bei Wesley aus den „Allgemeinen Regeln" ab : Abkehr vom Bösen, Hinkehr zu Christus, Tun des Guten. Darunter ist nicht ein einmaliges Ereignis zu verstehen, sondern ein beständiger Vollzug. Im Gegensatz zum Begriff „Bekehrung", der ausschließlich das Verhältnis zu Christus im Blick hat, schließt „Umkehr" eine für das methodistische Verständnis unverzichtbare ethische Komponente ein. Bei der Betonung der Bekehrung geht der Gesichtspunkt der beständig erforderlichen Umkehr im Sinne einer Veränderung der eigenen ethischen Maßstäbe verloren. Der Glaube im methodistischen Verständnis trägt immer das Element der Ausrichtung zur Welt in sich. Dem methodistischen Selbstverständnis ist daher der Begriff „Umkehr" naheliegender als der Begriff „Bekehrung"

3.4.1.1 Historische Erläuterung

In den Anfängen der methodistischen Bewegung in England und Amerika bezog sich das Verständnis der Heilserfahrung keineswegs nur auf das persönliche Seelenheil, sondern meinte die Erfahrbarkeit des Heils in praktischen Lebensbezügen. Als der Methodismus nach Deutschland kam – Winnenden (Gottlob Müller), Bonlanden (Sebastian Kurz), Bremen (Sigismund Jakobi), Sachsen (Brüder Wunderlich), Oberfranken (Christian Bischoff) – geschah dies unter maßgeblicher Beteiligung durch Laien, die ein neues und anderes Glaubenserleben mit anderen teilten. Dieses war persönlich, d.h. individuell geprägt. Verglichen mit der Bewegung in England und in Amerika lag darin eine Engführung. Verstärkt durch den zeitgleich aufkommenden Pietismus führte dies dazu, dass es auch in unseren Gemeinden überwiegend um das persönliche Seelenheil des Einzelnen ging. Während bei Wesley für den Glauben in mehrfacher Hinsicht der Weltbezug wesentlich war, pflegte der Pietismus eine Haltung der Weltabkehr und oft genug der Weltverneinung. Dies hat über weite Strecken auch unsere Gemeinden geprägt. Dadurch fand eine Individualisierung statt und der Impuls zur Weltgestaltung, wie Wesley ihn praktizierte, ging verloren. Unter dieser Engführung leiden unsere Gemeinden bis heute. Die Bedeutung des Glaubens für die Welt ist nicht ausreichend im Blick.

3.4.2 Heiligung statt Seelenheil

Eine auf reine Innerlichkeit ausgerichtete Frömmigkeit ist dem Methodismus fremd. Der Begriff der Heiligung ist für das methodistische Selbstverständnis bei Wesley zentral und umfassend. Heiligung beschreibt einen dynamischen Veränderungsprozess. Die Gnade Gottes und die Erfahrung der Liebe Christi werden als verändernde Kraft verstanden (s. o. Thema der Vollversammlung). Heiligung als umfassender Veränderungsprozess bezieht sich zum einen auf die Person des Glaubenden mit dem Ziel, Christus ähnlich zu werden. Heiligung meint jedoch in gleicher Weise die Veränderung und Gestaltung der Lebensverhältnisse der Menschen. Dabei gehen Heil und Wohl des Menschen zusammen. Die Vorstellung, dass der Glaubende die Welt, in der er lebt, zum Guten gestalten kann, ist zunächst eine Besonderheit des Methodismus. Sozial-diakonisches Handeln und gesellschaftspolitische Fragen sind nichts Eigenes oder Zusätzliches, sondern bilden eine untrennbare Einheit mit dem Verkündigungsauftrag. Sie sind in gleicher Weise Verkündigung wie Predigt und biblische Unterweisung. Die Reduzierung der Botschaft der Bibel auf die Frage nach dem persönlichen Seelenheil ist gemessen am Ansatz Wesleys unaufgeklärt und unzeitgemäß. Unsere Gemeinden in Deutschland sind überwiegend vom Pietismus des 19. Jh geprägt, für den genau dieses Verständnis maßgeblich war. Die Ausrichtung des Glaubensverständnisses am persönlichen Seelenheil wirkt immer noch in unseren Gemeinden und gibt ihnen eine evangelikale Ausrichtung. Diese entspricht nicht dem von Wesley vertretenen Ansatz. Wesleys Absicht war es, die Welt zu gestalten. Diese Ausrichtung und Schwerpunktsetzung hat unsere Kirche in Deutschland über Generationen hinweg immer nur rudimentär umgesetzt.

3.4.3 Und noch einmal: Vorlaufende Gnade
3.4.3.1 Grundlagen:

Die Überzeugung der vorlaufenden Gnade brachte Wesley dazu, sich ohne Ansehen der Person, ihrer Herkunft und ihres Standes den Menschen seiner Zeit zuzuwenden und sich mit ihren Anliegen zu befassen. So viele Menschen als möglich sollten erreicht werden. Der Auftrag bestand darin, etwas für die Menschen zu tun. Die Gnade Gottes sollte in der Welt Gestalt gewinnen und erfahrbar werden. Die Vorstellung von der vorlaufenden Gnade ist es auch, die bei Wesley ein positives und optimistisches Menschenbild bewirkt. Wenn die Welt aufgrund der vorlaufenden Gnade auf diese Weise Gott-haltig geworden ist, stellt sich die Frage nach der Rechtfertigung des Gott-losen zumindest anders als in der lutherischen Orthodoxie. Wesley partizipiert mit dieser Auffassung am gewandelten Menschenbild der Aufklärung, das dem Menschen Vernünftiges zutraut und überträgt es in den theologischen Kontext.

3.4.3.2 Glaube im Welthorizont
Wo werden wir sichtbar?

Der Gesichtspunkt der vorlaufenden Gnade erschließt für den Glauben den Horizont der Freiheit, ermöglicht Offenheit und einen aufrechten Gang. Er verträgt sich nicht mit Bestrebungen der Absonderung oder gar der Weltentsagung. Das „Be-sondere" des Methodismus muss darin gesehen und gesucht werden, dass er sich nicht „ab-sondert". Der Glaubende steht in der Welt und darf, ja soll sich vorbehaltlos am Weltgeschehen beteiligen. In dieser Hinsicht wirken jedoch unsere Gemeinden eigenartig zurückhaltend. Wo haben wir Menschen in unseren Gemeinden, die sich in Politik, Sport, Kultur etc. engagieren oder gar darin eine gewisse Prominenz haben? Wo sind die Fußballtrainer, die Rapper, Skater in oder aus unseren Reihen? Wo ist einer wie der Schauspieler, Filmemacher und Umweltaktivist Hannes Jaenicke? Sie fehlen weitgehend. Als eine der wenigen positiven Ausnahmen kann die international erfolgreiche Popsängerin Beyoncé gelten, die nicht nur öffentlich dazu steht, Methodistin zu sein, sondern mit ihren Veröffentlichungen auch zu aktuellen Themen Stellung nimmt und damit ihren Glauben zum Ausdruck bringt. Solche Persönlichkeiten sind wichtig für unsere Kirche, weil darin der universelle Charakter der Gnade deutlich wird: der Glaube ist immer eine öffentliche Angelegenheit und weil er sich in der Welt ereignet, hat er eine politische Dimension. Die Überzeugung von der vorlaufenden Gnade stellt den Glaubenden hinein in die Gemeinschaft mit allen Menschen. Wenn daher „Gemeinschaft" für die Gestalt

unserer Gemeinden eine Bedeutung haben soll, dann in
diesem umfassenden Sinn.

3.5 Heil und Wohl der Menschen –
„Zweibein-Methodismus"

Die Zuwendung zu den Benachteiligten, Armen, Kranken,
Gefangenen, die seelsorgerliche Zuwendung und Begleitung
der Siedler durch die „circuit riders" in den USA, war nichts
Zusätzliches zum sonstigen kirchlichen Auftrag und zur
Verkündigung des Evangeliums. Es war Element der Mission
der Kirche. Es war begründet in der allumfassenden Liebe
Gottes zu jedem Menschen. Der kirchliche Auftrag war in diesem Sinne diesseitig. Für den aufkommenden Methodismus
war es grundlegend, in unserem Sprachgebrauch „sozial-
diakonisch" und Verkündigung des Evangeliums miteinander
zu verbinden. Sie waren zweibeinig unterwegs. Wo eine Seite
vernachlässigt wird, also einbeinig, kommt man nicht mehr gut
voran. Die Zweibeinigkeit ist es, die den Methodismus zur
Bewegung macht. Dies ist in unseren Gemeinden nicht ausreichend bewusst. Der sozial-diakonische Ansatz wird als
nachrangig gegenüber der Verkündigung des Evangeliums
oder gar als mit dieser konkurrierend verstanden. Phasenweise kam es bei dieser Thematik zu Lagerbildungen und
Polarisierungen. Dies entspricht nicht dem methodistischen
Erbe. Wo es zu einer Aufspaltung zwischen beiden Anliegen
kommt, hat dies eine eigenartige Folge. Man hat, was immer
man tut, das Gefühl, nicht ganz bei der Sache zu sein. Dem
gilt es entgegen zu wirken. Der einzige Maßstab muss sein,
dass das, was in der Liebe geschieht, das Richtige ist.

3.6 „Evangelikal" oder „liberal"
Wo positionieren wir uns?
Wie glauben und denken wir zeitgemäß?

Bei der Frage, wie sich unsere Kirche im Bereich der Freikirchen (VEF), der Ökumene (ACK) und Allianz (EA) positioniert, spielen Kategorien wie „evangelikal" oder „liberal" eine zwar entscheidende, aber wenig transparente Rolle. Historisch betrachtet hatten sie in der Zeit des Aufbruchs der methodistischen Bewegung keine Bedeutung. Es gab sie ja noch nicht. Hier scheint etwas abhanden gekommen zu sein. Wesley hat die weltanschaulichen Entwicklungen seiner Zeit in seine Theologie und seine Glaubenspraxis integriert. Mit dem Verfahren des Quadrilaterals aus Schrift, Tradition, Vernunft und Erfahrung vertritt er ein Modell der Lehrentwicklung, bei dem unterschiedliche Betrachtungsweisen miteinander in einen Austausch gebracht werden. Theologische Grundüberzeugungen treten auf diese Weise in einen lebendigen Dialog mit der jeweiligen gesellschaftlichen Wirklichkeit. Die kirchliche Lehre kann so unter Bewahrung ihrer Grundlagen auf aktuelle Entwicklungen und Herausforderungen reagieren und eingehen und sich so als zeitgemäße Botschaft entfalten. Wesley plädiert nachdrücklich dafür, dass ein Glaube, der sich der Vernunft verweigert, dem Schöpfungsgedanken und damit dem biblischen Zeugnis widerspricht. Das Modell des Quadrilaterals kann problemlos auch im Blick auf die theologischen Entwicklungen und Fragestellungen des 19. und 20. Jahrhunderts Anwendung finden. Evangelikal-fundamentalistische Bestrebungen sind davon nicht abgedeckt. Es gibt gute Gründe, dass unsere Kirche bei der Polarisierung zwischen „liberal" und „evangelikal" eine eigene Position einnimmt und vertritt. Das muss auch in den Gemeinden spürbar und erlebbar sein.

Die Kategorisierung unserer Kirche als Freikirche hat von der Struktur und rein rechtlich im Gegensatz zu den Landeskirchen ihre Berechtigung. Das Wesen und das Selbstverständnis unserer Kirche ist damit aber nicht erfasst. Das, was landläufig unter „Freikirche" verstanden und erlebt wird, hat mit unserem Kirchenverständnis und unserer kirchlichen Praxis wenig zu tun. Das muss auch unseren Gemeinden bewusst gemacht werden. Unsere Kirche muss in diesem Umfeld ein klares Profil entwickeln.

3.7 Das ganze Evangelium
Warum gesellschaftspolitisches Engagement unverzichtbar für die Nachfolge Jesu ist und wie Wesley dies verstand.

Neben den von Wesley protokollierten 40.000 Predigten war er auf vielfältige Weise gesellschaftspolitisch aktiv. Zum einen kümmert er sich direkt um benachteiligte Menschen. Er gründet entsprechende Einrichtungen und er nimmt öffentlich zu sozialen Missständen Stellung.

- Wenn er arme Menschen besuchte, redete er nicht nur mit ihnen sondern versorgte sie mit Essen, Kleidern, Kohlen und dem täglichen Bedarf.
- Gefangenenseelsorge und Fürsorge für die Familien der Inhaftierten war bereits in der „vormethodistischen" Zeit eine für Wesely unverzichtbare Aufgabe.
- Im Jahr seiner grundlegenden Erfahrung der Heilsgewissheit gründete er seine erste Schule in Kingswood für Unterschichtskinder.
- Er setzte sich dafür ein, dass Kinder erst ab dem 14. Lebensjahr und höchstens 10 Stunden pro Tag in Bergwerken untertags arbeiten durften.
- In den größeren Städten richtete er Darlehenskassen ein, um seine Leute vor Kredithaien zu schützen und so vielen Menschen den Aufbau einer eigenen Existenz zu ermöglichen.

- 1747 veröffentlicht Wesley ein Gesundheitsbuch („Primitive Physics"), in dem er 289 Krankheiten auflistete und 826 Heilungsanweisungen gab.
- In einem scharfen Pamphlet verurteilt er den Sklavenhandel als eine tiefgehende Schande der menschlichen Gesellschaft.
- In seiner Streitschrift „Die gegenwärtige Knappheit von Lebensmitteln" 1773 greift er sehr tief in das politische Gefüge Englands ein: Er verlangt eine Reform des Landbesitzes und die Deckelung der jährlichen Gewinne der Großgrundbesitzer auf 100 englische Pfund. Warum? Die verfügbaren Lebensmittel waren immer knapper und teurer geworden. Wesley sieht die Gründe dafür in zwei Faktoren: Die steigende Produktion von Alkohol in den Schnaps- und Whiskeybrennereien und: „Die „Herren" fahren in ihren Kutschen statt wie früher zwei- jetzt vier- und sechsspännig und sie widmen sich jetzt vermehrt der Pferdezucht, da winken große Gewinne durch den Export von Pferden nach Frankreich." Seine Schlussfolgerung: „Viel zu viel Getreide landet in den Brennereien und die Pferde fressen zu viel Getreide, was dann auf den Tischen der Armen als Brot fehlt."

All diese Beispiele lassen sich nicht eins zu eins in die Gegenwart übertragen. Das ist auch nicht erforderlich. Vielmehr kommt es darauf an, sich die Zielsetzung klar zu machen. Der kirchliche Auftrag richtet sich nicht ausschließlich an den Menschen als Einzelwesen. Wesley sieht den Menschen stets in seinen sozialen Bezügen. Er bezieht die Lebensverhältnisse und Lebensbedingungen der Menschen ein. Er trägt zu deren Gestaltung bei, indem er entsprechend handelt und wo erforderlich auch Stellung nimmt. Mit der zeitgemäßen Verbindung von Heil und Wohl des Menschen vertritt er ein umfassendes Verständnis von Nachfolge, Das Matthäusevangelium verwendet für das Wirken Jesu eine doppelte Beschreibung:

*Und Jesus zog umher
in alle Städte und Dörfer,
lehrte in ihren Synagogen
und **predigte** das Evangelium
von dem Reich
und **heilte** alle Krankheiten
und alle Gebrechen.*

Mt 9,35

4 Schlusswort

Wenn wir uns bei unseren Ausführungen auf die Anfänge des Methodismus beziehen, bedeutet dies keineswegs, dass wir zurück wollten ins 18. Jahrhundert. Uns ist klar: die Zeiten haben sich gewandelt und das Rad der Geschichte lässt sich nicht zurückdrehen. Vielmehr sind wir der Überzeugung, dass wir ein kirchliches Profil brauchen, das sich auf die historischen Grundlagen „Wurzeln" bezieht, weil sich daraus unsere Stärke „Stamm" ergibt und dies auf vielfältige Weise Entfaltung „Zweige, Blätter, Frucht" für die Gegenwart möglich macht.